SAINTE THERESE D'AVILA

PENSÉES SUR L'AMOUR DE DIEU

CHAPITRE PREMIER

Sur ces paroles de l'épouse dans le Cantique des cantiques : Que le Seigneur me baise d'un baiser de sa bouche.

Du respect que l'on doit avoir pour ce qui ne nous paraît pas intelligible dans l'Ecriture sainte. Ce qui a porté la Sainte à prendre, la liberté d'expliquer ces paroles du Cantique des cantiques. De quelle sorte se doivent entendre ces mots de baiser et de bouche.

DU RESPECT QUE L'ON DOIT AVOIR POUR CE QUI EST OBSCUR DANS L'ÉCRITURE SAINTE.

En lisant attentivement ces paroles, j'ai remarqué qu'il semble que lame, après avoir parlé en tierce personne, lorsqu'elle dit : *Qu'il me baise d'un baiser de sa bouche*, adresse la parole à une autre en ajoutant : *Le lait qui coule de vos mamelles est plus délicieux que le vin*. J'avoue n'en comprendre pas la raison, et j'en suis bien aise, parce que nous devons avoir beaucoup plus de respect pour les paroles qui surpassent notre intelligence, que pour celles que nos faibles esprits sont incapables de concevoir. C'est pourquoi, mes filles, lorsqu'en lisant on entendant des prédications, ou méditant les mystères de notre sainte foi, il y aura des choses qui vous paraîtront obscures, je vous recommande extrêmement de ne vous point gêner pour en chercher l'explication. Cela n'appartient pas à des femmes, ni même à la plupart des hommes.

Que s'il plaît à Notre-Seigneur de vous en donner l'intelligence, il le fera sans que vous ayez besoin de prendre pour ce sujet aucune peine ; ce que je ne dis que pour les femmes et pour les hommes qui ne sont pas obligés à soutenir la vérité par leur doctrine. Quant à ceux que Dieu y engage, ils doivent sans doute y travailler de tout leur pouvoir, et ce travail ne leur saurait être que fort utile. Mais pour ce qui est de nous, nous n'avons, sans nous mettre en peine du reste, qu'à recevoir avec simplicité ce qu'il plaît à Dieu de nous donner, et nous réjouir de ce que sa sagesse n'ayant point de bornes, une seule de ses paroles contient tant de mystères, qu'il n'est pas étrange que nous soyons incapables de les comprendre. Car, sans parler du latin, du grec et de l'hébreu, à quoi il n'y a pas sujet de s'étonner que nous n'entendions rien, combien se rencontre-t-il d'endroits dans les psaumes qui ne nous paraissent pas moins obscurs dans l'espagnol que dans le latin ? Gardez-vous donc bien, mes filles, je le répète encore, de vous en tourmenter inutilement. Ce qui ne va point au-delà de notre capacité, suffit pour des personnes de notre sexe. Dieu ne nous en demandera pas davantage, et il ne laissera pas de nous favoriser de ses grâces.

Ainsi lorsqu'il lui plaira de nous découvrir ces sens, nous n'y trouverons point de difficulté. Et s'il ne veut pas lever le voile qui nous les couvre, humilions-nous et réjouissons-nous, comme je l'ai dit, de ce que le maître que nous servons est si grand et si admirable, que ces paroles, quoique écrites en notre langue, ne nous sont pas intelligibles.

Notre faiblesse est telle qu'il vous semblera peut-être, mes sœurs, que les paroles de ce cantique auraient pu être plus claires ; et je ne m'en étonne pas, ayant même entendu dire à quelques personnes qu'elles appréhendaient de les lire. « Que notre misère, mon Dieu, est déplorable ! car n'est-ce pas ressembler à ces bêtes venimeuses qui convertissent en poison tout ce qu'elles mangent, que de juger selon notre peu d'amour pour vous, de ces faveurs dont vous nous obligez, pour nous apprendre, par l'avantage que nous tirons de vous aimer, qu'il n'y a rien que nous ne devions faire pour nous rendre dignes de jouir du bonheur de votre compagnie, et répondre, par l'ardeur de notre amour, à celui que vous nous portez ? Hélas ! Seigneur, que nous profitons peu de tant de bien que vous nous faites ? Il n'y a point de moyens que vous n'employiez pour témoigner votre amour, et nous le reconnaissons si mal, que nos pensées continuent toujours de se tourner vers la terre, au lieu de les portera admirer les grands mystères qu'enferme ce langage du Saint-Esprit. »

Car qui devrait être plus capable de nous enflammer de l'amour de Dieu, que de penser que ce n'est pas sans sujet qu'il nous parle de la sorte ? Mais l'aveuglement des hommes est si grand, que j'ai vu avec étonnement qu'un religieux ayant fait un sermon admirable sur le sujet des faveurs que Dieu fait à l'âme comme à son épouse, et qui n'était fondé que sur les paroles de ce cantique, il excita la risée de son auditoire, à cause qu'il y parlait d'amour, comme s'il eût pu n'en point parler.

Mais je connais, au contraire, des personnes qui ont tiré tant d'avantage de ces saints discours, qu'ils les ont délivrées de leurs craintes, et portées à rendre des actions infinies de grâces à Dieu d'avoir bien voulu, par un remède si salutaire aux âmes qui l'aiment avec ardeur, leur faire connaître qu'il s'humilie pour elles jusqu'à les considérer comme ses épouses, sans quoi elles ne pourraient cesser de craindre. Et j'en sais une entre autres qui, ayant passé plusieurs années dans ces appréhensions, ne se put rassurer que par certaines paroles de ce cantique, que Dieu permit qui lui furent dites, et qui lui firent connaître, qu'elle était en bon chemin. Ce que je comprends sur cela est, qu'après qu'une âme, par son amour pour son saint époux, a renoncé véritablement à toutes les choses du monde et s'est abandonnée à sa conduite, elle éprouve ces peines, ces défaillances, ces espèces de mort, et en même temps ces plaisirs, ces joies et ces consolations dont j'ai parlé en d'autres traités.

Ô mes filles, que vous êtes heureuses d'avoir pour Seigneur et pour époux un Dieu à la connaissance duquel rien ne peut se dérober, qui est si bon et si libéral, qu'il vous récompensera des moindres choses que vous ferez pour son service comme si elles étaient fort importantes, parce qu'il ne les considère pas en elles-mêmes, mais les mesure par l'amour que vous lui portez.

Je finis ceci en vous avertissant encore de ne vous point étonner quand vous rencontrerez dans l'Écriture et dans les mystères de notre foi, des endroits que vous n'entendrez pas, et des expressions si vives de l'amour de Notre-Seigneur pour les âmes. Celui qu'il nous a témoigné par des effets, qui allant si fort au-delà de toutes paroles, montrent qu'il n'y a point en ceci d'exagération, m'étonne beaucoup davantage, et me met comme hors de moi-même, lorsque je pense que nous ne sommes que de misérables créatures si indignes de recevoir tant de preuves de sa bonté. Je vous conjure, mes filles, de bien peser cet avis et de le repasser par votre esprit ; puisque plus vous considérez ce que l'amour de Notre-Seigneur lui a fait souffrir pour nous, plus vous connaîtrez que bien loin que ces paroles de tendresse, qui vous surprennent d'abord, aient des expressions trop fortes, elles n'approchent point de l'affection que ce divin Sauveur nous a témoignée par toutes les actions de sa vie, et par la mort qu'il a voulu endurer pour nous.

CE QUI A PORTÉ LA SAINTE À OSER EXPLIQUER CES PAROLES DU CANTIQUE.

Pour revenir à ce que j'avais commencé de dire, il faut que ces paroles du cantique que je vous ai proposées comprennent de grands mystères, puisque des personnes savantes, que j'ai priées de m'expliquer le véritable sens que le Saint-Esprit y a renfermé, m'ont répondu que tant de docteurs qui ont écrit sur ce sujet, n'ont pu encore y en trouver dont on soit demeuré satisfait. Ainsi vous auriez sujet de me croire bien présomptueuse si je prétendais d'y en donner un. Ce n'est pas aussi mon intention, et quoique je ne sois pas si humble que je devrais, ma vanité ne va pas jusqu'à me croire capable de réussir dans un tel dessein.

Je prétends seulement de vous dire des choses qui pourront peut-être vous consoler autant que je le suis, lorsqu'il plaît à Notre-Seigneur de me donner quelque petite intelligence de ce que l'on a dit sur ce sujet. Et quand même ce que j'en écrirai ne serait pas à propos, il ne pourra au moins vous nuire, puisqu'avant que vous le voyez, il sera examiné par des gens savants, et que pourvu que nous ne disions rien de contraire à la créance de l'Église et aux écrits des saints, je crois que Notre-Seigneur nous permet de proposer les pensées qu'il lui plait de nous donner, de même qu'en méditant attentivement sa passion, nous pouvons nous représenter beaucoup de choses des tourments qu'il y a soufferts, que les évangélistes n'ont point rapportées ; joint que n'agissant pas en cela avec curiosité, mais ne voulant que recevoir les lumières que Dieu nous donne, je ne saurais croire qu'il ait désagréable que nous cherchions de la consolation dans ses actions si admirables et ses paroles si saintes.

Comme un roi, au lieu de trouver mauvais qu'un jeune enfant qui lui plairait fût surpris de la beauté et de la richesse de ses habits, prendrait plaisir à voir l'étonnement qu'il en aurait, Notre-Seigneur n'a pas désagréable que nous autres femmes considérions avec admiration les trésors renfermés dans ses divines paroles, que nous nous flattions de la créance d'y comprendre quelque chose, et que nous fassions part aux autres de nos pensées après qu'elles auront été approuvées par des personnes savantes. Ainsi je ne prétends pas, mes filles, que vous me regardiez en ceci que comme ce prince regarderait cet enfant, ni vous proposer mes pensées qui pourront être mêlées de beaucoup d'impertinences, que comme une consolation que je me donne en les communicant à mes chères filles.

DE QUELLE SORTE SE DOIVENT ENTENDRE CES MOTS DE BAISER ET DE BOUCHE.

Je vais donc commencer, avec l'assistance de ce grand roi et la permission de mon confesseur, à vous faire part de mes pensées, et je prie sa divine Majesté de m'accorder la même grâce de bien rencontrer en quelque chose qu'il m'a faite en d'autres occasions peut-être pour l'amour de vous. Mais quand cela n'arriverait pas, je ne saurais avoir regret du temps que j'emploierai à l'écrire et à m'occuper d'un sujet qui est si divin, que je ne suis pas digne d'en ouïr seulement parler.

Il me semble que par ces paroles, dont j'ai dit au commencement que l'épouse se sert pour parler en tierce personne à celui avec qui elle est, le

Saint-Esprit veut nous faire entendre qu'il y a deux natures en Jésus-Christ, l'une divine et l'autre humaine. Mais je ne m'y arrêterai pas ; mon dessein n'est de traiter que de ce qui peut servir aux personnes d'oraison, quoique tout puisse servir pour encourager et donner de l'admiration aux âmes qui ont un ardent amour pour Notre-Seigneur. Il sait que, encore que j'aie entendu expliquer quelques-unes de ces paroles, ce n'a été que rarement, et que j'ai si peu de mémoire, que je n'ai pu en retenir un seul mot : ainsi je ne saurais dire que ce que Notre-Seigneur m'en a appris, et je suis fort trompée si l'on m'a jamais rien dit touchant ces premières paroles.

« Quelles paroles, ô Seigneur mon Dieu ! Est-il possible qu'un ver de terre ose les adresser à son Créateur ? Soyez-vous béni à jamais, Seigneur, de nous apprendre de quelle sorte nous pouvons parler à vous en tant de diverses manières. Mais, mon roi, qui sera assez hardi pour user envers vous de semblables tenues, si vous ne lui en donnez la permission ? » On ne saurait y penser sans étonnement, et l'on s'étonnera aussi peut-être de m'entendre dire que personne n'use de ces termes.

On pourra s'imaginer que ces mots de baiser et de bouche ayant diverses significations, ce que je viens de dire est une folie, puisqu'ils se peuvent expliquer d'une autre manière, et qu'ainsi il est évident que nous ne devons pas prendre la liberté d'en user en parlant à Dieu, ni d'exposer de semblables termes à la vue des personnes simples et grossières. Je demeure d'accord que ces divines paroles se peuvent expliquer diversement ; mais une âme si embrasée de l'amour de son divin époux, qu'elle est toute hors d'elle-même, ne saurait en employer d'autres, ni leur donner un autre sens que celui qu'elles ont naturellement. « Qu'y a-t-il donc en cela, mon Dieu, qui doive tant nous étonner ? Et n'y a-t-il pas incomparablement plus de sujet d'admirer que vous voulez bien nous faire cette inconcevable faveur de vous recevoir vous-même dans la sainte Eucharistie, pour devenir notre nourriture ? »

Il m'est venu dans l'esprit que c'est peut-être ce que l'épouse demandait parées paroles à Jésus-Christ son époux, ou bien qu'il lui plût de s'abaisser jusqu'à vouloir faire cette si étroite union avec la nature humaine, qui le rend tout ensemble Dieu et homme, puisque chacun sait que le baiser est une marque de paix, d'amitié et d'alliance entre deux personnes ; et je prie sa divine Majesté de m'assister pour faire entendre combien il y a de sortes de paix.

Mais avant que de passer outre, j'ai, mes filles, un avis important à vous donner, et la crainte de l'oublier me le fera mettre ici, quoiqu'il fût peut-être plus à propos d'en parler ailleurs. C'est que si ceux qui, étant en péché mortel, osent s'approcher du très-saint Sacrement, dont Dieu veuille que le nombre ne soit pas si grand que je le crois, entendaient une personne comme mourante, par la véhémence de son amour pour Dieu, proférer ces paroles du cantique, ils ne s'en étonneraient pas seulement, mais l'attribueraient à une hardiesse insupportable. Ces censeurs de ce qu'ils n'entendent point, n'ont garde d'user de ces paroles, ni d'autres semblables qui se trouvent aussi dans ces admirables cantiques, parce qu'il n'y a que cet ardent amour de Dieu qu'ils n'ont point qui les fasse proférer. Ils peuvent bien les lire et les relire dans ce divin livre, mais non pas s'en servir. Et comment oseraient-ils les avoir en la bouche, puisqu'on ne saurait seulement les entendre sans être touché de crainte, tant elles sont pleines de majesté ? « Celle que vous avez, Seigneur, dans le très-saint Sacrement, est sans doute merveilleuse ; mais comme la foi de ces personnes n'est qu'une foi morte, il n'y pas sujet de trouver étrange que, ne leur faisant point la faveur de leur parler, parce qu'ils en sont indignes, et vous voyant si humilié sous les espèces sacramentales, ils aient l'audace de faire des jugements si téméraires. »

J'avoue que ces paroles, considérées selon leur simple signification, seraient capables d'étonner les personnes qui les prononcent ; si elles n'étaient point dans le transport qui les leur fait proférer ; mais elles ne donnent nulle crainte à celles que Notre-Seigneur a comme tirées heureusement hors d'elles-mêmes. « Pardonnez-moi, mon Dieu, si j'ose parler ainsi ; et quelque grande que soit ma hardiesse, vous m'excuseriez sans doute quand j'en dirais encore davantage. Car, puisque le baiser est une marque de paix et d'amitié, pourquoi les âmes que vous aimez ne pourront-elles pas vous demander ? et que peuvent-elles désirer de vous qui leur soit plus avantageux ? Je vous demande donc, mon Sauveur, de me donner cette paix et ce baiser de votre divine bouche, qui est, mes filles, la plus grande faveur que nous puissions recevoir de son infinie bonté, comme vous le verrez dans la suite. »

CHAPITRE II

Sur ces mêmes paroles de l'épouse, dans le Cantique des cantiques :
Que le Seigneur me baise d'un baiser de sa bouche.

Des diverses sortes de paix dont quelques personnes se flattent.
Excellents avis de la Sainte sur ce sujet. Exemples qu'elle rapporte.
D'autres excellents avis qu'elle y ajoute. Des moyens dont Dieu se sert pour
faire amitié avec les âmes, et de l'amour qu'on doit avoir pour le prochain.

DES DIVERSES SORTES DE PAIX. EXEMPLES QUE LA SAINTE EN RAPPORTE, ET EXCELLENTS AVIS SUR CE SUJET.

Dieu nous garde de tant de diverses sortes de paix dont les gens jouissent, et qui font qu'ils demeurent tranquilles au milieu des plus grands péchés. Car ne peut-on pas leur donner, au lieu du nom de paix, le nom de véritables guerres ?

Vous avez déjà, mes filles, pu voir ailleurs que cette fausse paix est une marque de l'union des âmes avec le démon. Il ne veut point leur faire la guerre durant cette vie, parce qu'elle pourrait les porter à recourir à Dieu pour s'en délivrer, bien qu'elles n'eussent point d'amour pour lui, et que même un tel sentiment ne leur durerait guère, à cause que cet esprit malheureux ne s'en apercevrait pas plus tôt, qu'il les rengagerait dans ses filets, en flattant leurs passions criminelles, sans qu'elles pussent s'en dégager, jusqu'à ce qu'on leur eût fait comprendre que cette paix, dans laquelle elles s'imaginent d'être, n'est qu'illusion et que mensonge. Je ne m'arrêterai pas d'avantage à parler de ces personnes. Qu'elles jouissent tant qu'il leur plaira de leur faux bonheur ; j'espère de la miséricorde de Dieu qu'il ne se trouvera jamais parmi nous.

Le démon pourra commencer à nous nuire par une autre de ces fausses paix qu'il nous fera trouver dans des choses qui ne semblent point être importantes ; et nous avons toujours, mes filles, tant que nous vivons, sujet de craindre. Lorsqu'une religieuse, après avoir commencé à se relâcher en des sujets peu considérables en apparence, continue d'en user de la même sorte, sans en avoir aucun repentir, cette paix est fausse et dangereuse, et le démon pourra, par ce moyen, lui faire beaucoup de mal. Ces sortes de fautes sont, par exemple, quelque manquement à ce qu'ordonnent nos constitutions, qui, en soi, n'est pas péché, et quelque négligence, quoique sans dessein, à exécuter ce que le supérieur commande, parce que, tenant à notre égard la place de Dieu, nous sommes obligées de lui obéir ; que nous sommes venues pour cela on religion, et qu'il n'y a rien que nous ne devions faire pour lui donner sujet d'être satisfait de notre conduite. Il en est de même de quelques autres petites choses qui ne passent pas pour des péchés, et qui sont des imperfections auxquelles les femmes sont sujettes. Je ne prétends pas que nous n'y tombions jamais, mais je dis que nous devons les connaître, et en avoir du regret, puisque autrement le démon pourrait en profiter, et nous y rendre peu à peu insensibles. Soyez donc bien persuadées, mes filles, qu'il aura beaucoup fait, s'il gagne sur vous de négliger ces petites fautes. Elles peuvent causer un si grand mal dans la suite, que je vous conjure, au nom de Dieu, d'y prendre extrêmement garde. Comme nous avons, dans cette vie, une guerre continuelle à soutenir contre tant d'ennemis, nous ne saurions trop veiller sur notre intérieur et notre extérieur ; car, encore que Dieu nous fasse de grandes grâces dans l'oraison, nous ne laissons pas, au sortir de là, de rencontrer mille petites pierres d'achoppement, telles que sont celles d'omettre, par négligence, certaines choses ; de n'en pas faire d'autres assez exactement ; de tomber dans quelques troubles extérieurs, et d'avoir des tentations. Je sais que cela n'arrive pas toujours, ni même ordinairement ; et tant s'en faut que je pense que l'on puisse être entièrement exempt de ces tentations et de ces troubles ; je les considère comme de très-grandes faveurs de Dieu, et profitables aux âmes pour les faire avancer dans la vertu, puisque ce serait mal connaître la faiblesse de notre nature, que de nous croire capables d'agir ici comme des anges.

Ainsi je ne m'étonne point que quelques personnes souffrent de très-grandes tentations, parce que je suis assurée que si elles ont de l'amour et de la crainte pour Dieu, elles leur seront fort avantageuses ; mais lorsque j'en vois qui sont toujours dans un grand repos, et ne sentent aucun combat en elles-mêmes : quoiqu'il ne me paraisse pas qu'elles offensent Dieu, j'appréhende beaucoup pour elles, et le démon ne les tentant point, je les tente autant que je puis pour les éprouver, afin qu'elles fassent réflexion sur leurs actions, pour connaître au vrai en quel état elles sont. J'en ai peu rencontré de cette sorte, et il se peut faire que Dieu élève quelques âmes à une si haute contemplation, qu'elles jouissent ordinairement de ce calme et de ce plaisir intérieur ; mais je suis persuadée qu'elles ne le connaissent pas, et ayant tâché de m'en éclaircir, j'ai trouvé qu'elles ont aussi leurs petites guerres, quoique rarement.

Pour moi, après y avoir fait une grande attention, je ne leur porte point d'envie, et je remarque que celles qui se trouvent engagées dans ces grands combats dont j'ai parlé, non seulement ne leur cèdent point en ce qui regarde l'oraison et la perfection, mais s'avancent beaucoup davantage.

Je ne parle point ici des âmes qui, après avoir passé plusieurs années dans une si rude guerre, sont tellement mortifiées, qu'on peut les considérer comme mortes au monde ; je me contente de dire que les autres vont d'ordinaire dans le calme et dans la paix ; mais non pas de telle sorte qu'elles ne connaissent point les fautes qu'elles font, et n'en aient pas beaucoup de déplaisir. Vous voyez donc, mes filles, que Dieu conduit les âmes par divers chemins ; et je ne saurais m'empêcher de craindre pour celles qui n'ont point de regrets de leurs fautes, puisque, quand ce ne serait qu'un péché véniel, on doit en avoir du déplaisir, ainsi que je ne doute point que Dieu ne vous fasse cette grâce.

Si vous m'aimez, remarquez bien, je vous prie, ceci. N'est-il pas vrai que la moindre piqûre d'une épingle ou d'une épine se fait sentir à une personne vivante ? Si donc nos âmes ne sont point mortes, mais sont animées d'un ardent amour de Dieu, ne nous fait-il pas une grande faveur de nous rendre très-sensibles aux moindres choses qui ne sont pas conformes à notre profession et à nos obligations ? Or ne peut-on pas dire que cette vigilance que nous devons avoir sur nous-mêmes, pour ne rien faire qui ne contente sa divine Majesté, est comme parer une chambre de tant de fleurs, qu'elle ne saurait tôt ou tard n'y point venir pour nous témoigner combien nos soins lui sont agréables ? « Hélas ! Seigneur, pourquoi avons-nous quitté le monde, et nous sommes-nous renfermées dans ces maisons religieuses, si ce n'est pour nous occuper sans cesse à vous préparer dans nos âmes, comme à notre divin époux, un séjour qui vous puisse plaire, et nous acquitter ainsi du vœu que nous avons fait de nous consacrer entièrement à son service ? »

Les personnes scrupuleuses doivent remarquer que ce que je dis ne s'entend pas des fautes où l'on tombe quelquefois sans y penser, et dont après on ne s'aperçoit pas toujours ; mais de celles que l'on commet d'ordinaire, dont on ne tient compte, dont on n'a point de regret, et dont on ne tâche point de se corriger, parce que l'on s'imagine que ce n'est rien, et que l'on s'endort ainsi dans une fausse et très-dangereuse paix.

Que sera-ce donc des religieuses qui vivent dans un grand relâchement de leur règle ? ce que Dieu ne veuille, s'il lui plaît, qui arrive jamais à aucune de nous. Le démon ne manque pas sans doute d'user de toutes suites d'artifices pour les faire tomber dans ce malheur, Dieu le permettant ainsi, pour punition de leurs péchés, et je ne crois pas nécessaire d'en dire davantage sur ce sujet.

Je riens maintenant à cette paix et ces témoignages d'affection que Dieu commence à donner dans l'oraison. Je vous en dirai ce qu'il lui plaît de m'en faire connaître ; mais il est bon, ce me semble, de vous parler un peu auparavant de cette autre paix que le monde et notre sensualité nous donnent, parce qu'encore qu'il y ait des livres qui l'expliquent mieux que je ne pourrai faire, vous n'avez pas moyen de les acheter, et qu'il ne se trouvera peut-être personne qui vous en fasse une aumône ; au lieu que vous pourrez vous en instruire dans cet écrit.

Il est facile de se tromper en diverses manières dans la paix que donne le monde. J'en rapporterai quelques-unes, pour faire connaître combien nous sommes à plaindre lorsque nous ne faisons pas tous nos efforts pour arriver à ce bonheur inestimable d'être beaucoup aimées de Dieu, mais nous nous contenions de l'être un peu. « Comment pourrions-nous, Seigneur, être si faciles à satisfaire, si nous considérons quel est le prix des faveurs que nous pouvons, même dès cette vie, espérer de vous, lorsque vous nous faites l'honneur de nous tant aimer ? Et combien y a-t-il de personnes qui, pouvant arriver jusqu'au haut de cette montagne sainte, à laquelle l'amour que vous portez se peut comparer, demeurent au pied, faute de courage ? » Je vous ai souvent dit, mes filles, dans quelques petits écrits, et je ne le répète pas seulement ici, mais je vous conjure d'avoir toujours des désirs si généreux, que Dieu en étant touché, il vous fasse la grâce d'y rendre vos œuvres conformes. Cet avis est plus important que vous ne le sauriez croire.

Il y a aussi des personnes qui rentrent dans les bonnes grâces de Dieu par leur repentir et une sincère confession de leurs péchés ; mais à peine deux jours se passent sans qu'elles y retombent ; et ce n'est pas là sans doute cet amour et cette paix que l'épouse demande dans le cantique. Efforcez-vous donc, mes filles, de n'avoir pas à vous accuser toujours dans vos confessions des mêmes fautes ; et puisque notre infirmité est si grande, que nous ne saurions éviter d'en commettre, tâchez au moins que ce ne soient pas toujours les mêmes, puisqu'elles pourraient jeter de si profondes racines, qu'il serait très-difficile de les arracher, et que ces racines pourraient en produire encore d'autres, ainsi qu'une plante qu'on arrose tous les jours croît de telle sorte, qu'au lieu qu'il serait facile au commencement de l'arracher avec les mains, il faut y employer le fer. Je sais qu'en cela nous pouvons si peu, que le mal irait toujours en augmentant, si nous mettions notre confiance en nos propres forces ; mais il faut beaucoup demander à Dieu de nous assister dans ces occasions, que nous connaîtrons à l'heure de la mort et de son redoutable jugement être si importantes, principalement pour celles qui ont, comme nous, l'honneur d'avoir pour époux en cette vie celui qui alors sera leur juge.

Quel respect ne doit point nous donner cette suprême grandeur de

Dieu ? C'est un roi qui est immortel, c'est le souverain maître de l'univers. Ne pensez, mes filles, qu'à le contenter, et considérez quel est le malheur des âmes qui, après avoir reçu tant de témoignages de son amitié, redeviennent ses mortelles ennemies. Il faut que sa miséricorde soit bien extraordinaire pour oublier de telles offenses ; et se trouve-t-il des amis si patients ? Lorsqu'ils sont une fois brouillés ensemble, ils s'en souviennent toujours, et leur union n'est plus la même. Dieu, au contraire, quoique nous l'offensions si souvent, attend durant des années entières que nous rentrions dans notre devoir ? « Soyez-vous, Seigneur, béni à jamais de nous supporter avec tant de bonté, qu'il semble que vous vouliez oublier quelle est votre grandeur pour n'être pas obligé de punir selon son mérite un aussi étrange crime qu'est celui de vous manquer de respect et de payer d'ingratitude les grâces sans nombre que vous nous faites. » Que les personnes qui se trouvent en cet état sont à plaindre, puisqu'encore que la miséricorde de Dieu soit si grande, on ne laisse pas d'en voir mourir plusieurs sans confession. Je le conjure, par son adorable clémence, de vous préserver d'un si grand malheur. Il y a dans le monde une autre paix moins dangereuse que celle dont je viens de parler ; c'est la paix de ceux qui ont soin d'éviter les péchés mortels, ce qui encore n'est pas peu, vu la manière dont on vit aujourd'hui. Mais je suis persuadée qu'ils ne laissent pas d'y tomber de temps en temps, par le peu de compte qu'ils tiennent d'en commettre un si grand nombre de véniels, qu'ils approchent fort des mortels. Ces personnes ne craignent point de dire, et je l'ai moi-même entendu diverses fois : Quoi ! des péchés véniels vous semblent-ils si considérables ? Il ne faut que de l'eau bénite pour les effacer, et l'Église, comme une bonne mère, nous donne encore pour ce sujet d'autres remèdes. Qu'y a-t-il, mes filles, de plus déplorable que de voir que des Chrétiens osent tenir de tels discours ? Je vous conjure, par l'amour que vous devez avoir pour Dieu, de prendre bien garde à ne commettre jamais de péchés, quoique véniels, sous prétexte de ces remèdes. Il importe de tout d'avoir toujours une si grande pureté de conscience, que nous puissions prier sans crainte Notre-Seigneur de nous donner la parfaite amitié que l'épouse lui demande. Or cette amitié est incompatible avec une disposition qui nous doit être aussi suspecte que celle qui tend à désirer des consolations qui affaiblissent la vertu, qui portent à la tiédeur, et qui donnent sujet de douter si les péchés que l'on commet en cet état sont véniels ou mortels. Dieu nous délivre, s'il lui plaît, de ces sortes de paix et d'amour de Dieu, qui ne produisent qu'une fausse paix, quand on se contente de ne pas tomber dans ces grands péchés que l'on voit commettre à d'autres. Ce n'est pas être dans une véritable humilité que de condamner les actions de son prochain. Il se peut faire que ceux qui le jugent si coupable le soient plus que lui, parce qu'il est touché d'un véritable repentir et d'un si grand désir de plaire à Dieu, qu'il s'efforce de ne le plus offenser en quoi que ce soit ; au lieu que ceux qui le blâment si hardiment par la confiance qu'ils ont en ce qu'ils ne commettent point de péchés mortels, se laissent aller à prendre leurs plaisirs et leurs divertissements. Ils se contentent pour la plupart de bien réciter des oraisons vocales, et ne prennent pas garde de si près à ce qui peut les avancer dans la piété.

Il y a une autre sorte de paix et de témoignage d'amitié que Dieu commence de donner à ceux qui ne voudraient pour rien du monde l'offenser, mais qui, encore qu'ils soient assez réglés dans leurs heures d'oraison, et que leur amour pour lui leur fasse répandre des larmes, sont si éloignés de renoncer aux plaisirs de cette vie, qu'ils sont d'autant plus satisfaits de leur état, qu'ils le considèrent comme pouvant les maintenir dans le repos dont ils jouissent. Cet état est si peu assuré, que ce sera beaucoup si ces personnes ne reculent point dans le chemin de la vertu, parce que ne fuyant pas les occasions, et ne se privant point des plaisirs du monde, elles s'affaibliront bientôt dans cette voie du Seigneur, où tant d'ennemis s'efforcent de les empêcher de la suivre. Ce n'est donc pas là, mes filles, l'amitié que ce divin époux demande de vous ni que vous devez désirer d'avoir pour lui ; mais si vous voulez vivre en assurance et croître toujours en vertu, fuyez jusqu'aux moindres occasions qui pourraient vous porter au relâchement. Je ne saurais trop vous dire, afin de vous faire connaître combien il importe, pour se garantir du péril de tomber dans de grandes fautes, de renoncer entièrement et avec une ferme résolution à toutes les affections du monde.

DES MOYENS DONT DIEU SE SERT POUR FAIRE AMITIÉ AVEC LES ÂMES, ET DE L'AMOUR QU'ON DOIT AVOIR POUR LE PROCHAIN.

Les moyens dont Dieu commence à se servir pour contracter amitié avec les âmes sont en si grand nombre, que je n'aurais jamais fait si je voulais rapporter tout ce que j'en sais, quoique je ne sois qu'une femme. Et que ne pourraient donc point dire sur ce sujet les confesseurs et les autres théologiens qui en ont une particulière connaissance ? J'avoue que quelques-uns de ces moyens m'étonnent, parce qu'ils sont tels qu'il semble qu'il ne manque plus rien pour devenir les amis de Dieu, et je vais vous dire ce que je sais d'une femme avec qui j'ai traité depuis peu fort particulièrement. Elle communiait très-souvent, ne parlait jamais mal de personne, avait de grandes tendresses dans l'oraison, demeurait chez elle dans une continuelle solitude, et était de si douce humeur, que quoi qu'on lui pût dire, elle ne se mettait point en colère, ce que je ne compte pas pour une petite vertu. Elle n'avait point été mariée, et n'était plus en âge de l'être, et elle avait souffert sans murmurer de grandes contradictions. La voyant en cet état sans pouvoir remarquer en elle aucun péché, et apprenant qu'elle veillait fort sur ses actions, je la considérais comme une personne de grande oraison et comme une âme fort élevée. Mais après l'avoir connue plus particulièrement, je trouvai qu'elle n'était dans ce grand calme que lorsqu'il ne s'agissait point de son intérêt, et qu'aussitôt que l'on y touchait, elle n'y était pas moins sensible qu'on l'en croyait détachée ; que dans la patience avec laquelle elle écoutait ce qu'on lui disait, elle ne pouvait souffrir que l'on touchât pour peu que ce fût à son honneur, tant elle était enivrée de l'estime d'elle-même, et qu'elle avait une si grande curiosité de savoir tout ce qui se passait, et prenait tant de plaisir d'être à son aise, que je ne comprenais pas comment il était possible qu'elle pût seulement durant une heure demeurer en solitude. Elle justifiait de telle sorte ses actions, que si on l'en eût voulu croire, on n'aurait pu, sans lui faire tort, en considérer aucune comme un péché, quoiqu'il n'y eût personne, excepté elle, qui ne jugeât que c'en était un, et peut-être ne le connaissait-elle pas. Ainsi, au lieu que presque tout le monde la considérait comme une sainte, elle me faisait une grande compassion, particulièrement lorsque je remarquais que les persécutions qu'elle me disait avoir souffertes lui étaient arrivées en partie par sa faute, et je ne portai point d'envie à sa sainteté. Cette personne et deux autres que j'ai vues comme elle se croire des saintes, m'ont plus fait appréhender que les plus grands pécheurs que j'aie connus.

Priez Dieu, mes filles, de nous donner la lumière qui nous est nécessaire pour ne nous pas tromper de la sorte, et remerciez-le beaucoup d'une aussi grande faveur que celle de vous avoir amenées dans une maison consacrée à son service, où, quelques efforts que le démon fasse pour vous tromper, il ne lui est pas si facile d'y réussir que si vous étiez encore dans le monde. Car, bien qu'entre les personnes qui y sont, il s'en trouve qui, dans le désir qu'elles ont d'être parfaites, croient qu'il ne leur manque rien pour aller au ciel, on ne sait point si elles sont telles qu'elles se le persuadent. Mais dans les monastères il est facile de le connaître, et je n'y ai jamais eu de peine, parce qu'au lieu de faire ce qu'elles veulent, il faut qu'elles fassent ce qu'on leur commande ; et qu'au contraire, dans le monde, encore qu'elles aient un désir véritable de plaire à Dieu, d'être éclairées dans leur conduite, et de ne se point tromper, elles ne peuvent l'éviter à cause qu'elles ne font que leur propre volonté, ou que si quelquefois elles y résistent, ce n'est pas avec une aussi grande mortification qu'est celle des religieuses. Il faut en exempter quelques personnes à qui Dieu a donné durant plusieurs années des lumières particulières, et qui, bien qu'elles soient savantes, ne laissent pas de se soumettre à un directeur capable de les conduire, parce que la véritable humilité ne permet pas de se beaucoup confier en soi-même.

Il y en a d'autres qui, après que Notre-Seigneur leur a fait la grâce de connaître le néant de toutes choses d'ici-bas, ont renoncé pour l'amour de lui à leurs biens et à leurs plaisirs pour embrasser la pénitence : mais ils aiment tant l'honneur, et sont si discrets et si prudents, qu'ils voudraient aussi ne rien faire qui ne fût agréable aux hommes. Ces deux choses ne s'accordent point, mes filles ; et le mal est qu'ils connaissent si peu leur erreur, qu'ils prennent toujours plutôt le parti du monde que celui de Dieu.

La plupart de ces personnes ne sauraient souffrir, sans se troubler, les moindres choses que l'on dit à leur désavantage, quoiqu'elles sachent en leur conscience qu'elles sont vraies. Cela n'est pas embrasser la croix, c'est la traîner. Et faut-il s'étonner qu'elle leur paraisse pesante ? Au lieu que si on l'aime, on trouve de la facilité non seulement à l'embrasser, mais à la porter. Ce n'est donc pas là non plus cette amitié que l'épouse demande ; et je vous conjure, mes filles, de bien considérer qu'ensuite du vœu que vous avez fait, et dont j'ai parlé au commencement, il ne doit plus y avoir de monde pour vous. Car comment, après avoir renoncé à votre propre volonté, ce qui est de toutes les choses la plus difficile, pourriez-vous conserver encore de l'affection pour cette fausse apparence de bonheur qui se rencontre dans les biens, les honneurs et les plaisirs ? Qu'appréhendez-vous ? Ne voyez-vous pas que, pour éviter que les gens du monde ne pensent ou ne disent quelque chose à votre désavantage, vous vous trouveriez obligées, pour leur plaire, à prendre des peines incroyables ?

Il y a d'autres personnes, et je finirai par-là, dont, lorsque l'on examine les actions, on a sujet de croire qu'elles s'avancent beaucoup, et qui demeurent néanmoins à moitié chemin. Elles ne s'arrêtent point à ce que l'on peut dire d'elles, ni à ce faux point d'honneur, mais elles ne s'exercent pas à la mortification, ni ne renoncent pas à leur propre volonté. Ainsi elles sont toujours attachées au monde, et, quoiqu'elles paraissent disposées à tout souffrir et qu'elles passent pour des saintes, s'il se présente quelque occasion importante qui regarde la gloire de Dieu, elles préfèrent la leur à la sienne. Elles ne s'en aperçoivent pas néanmoins, et s'imaginent, au contraire, qu'elles ne considèrent que Dieu et non pas le monde, lorsqu'elles appréhendent les événements, et craignent qu'une bonne œuvre ne cause un grand mal. Il semble que le démon leur apprenne à prophétiser mille ans auparavant les maux à venir.

Ces personnes ne se jetteraient pas dans la mer comme fit saint Pierre, et n'imiteraient pas tant de saints qui n'ont point appréhendé de perdre leur repos et de hasarder leur vie pour le service de leur prochain. Elles veulent bien aider les âmes à s'approcher de Notre-Seigneur, pourvu que cela ne trouble point la paix dont elles jouissent et ne les engage dans aucun péril. Ainsi leur foi ne produit pas de grands effets, parce qu'elles sont toujours attachées à leurs sentiments. Et j'ai remarqué qu'excepté dans les monastères, il y en a si peu qui n'attendent leur subsistance que de Dieu, que je ne connais que deux personnes qui aient cette entière confiance en lui, au lieu que celles qui ont embrassé la vie religieuse se tiennent assurées qu'il ne les abandonnera pas, et si ce n'est que par le seul mouvement de son amour qu'elles ont renoncé au monde, je ne crois pas même qu'elles pensent à ce qui est de leur subsistance. Mais combien peu y en a-t-il, mes filles, qui n'auraient pas laissé d'abandonner tout, encore qu'elles ne fussent point assurées d'avoir en le quittant de quoi vivre ? Comme j'ai beaucoup parlé ailleurs de ces âmes lâches, que j'ai représenté le tort qu'elles se font à elles-mêmes, et que j'ai montré que, pour faire de grandes actions, il faut avoir de grands désirs, je n'en dirai pas ici davantage, quoique je ne me lasserais jamais de le répéter. Ceux que Dieu appelle à un état si élevé qu'est celui de renoncer à tout pour se consacrer entièrement à son service dans la vie religieuse, ne doivent donc pas n'envisager que leur cellule, s'ils peuvent servir utilement leur prochain, mais brûler du désir de l'assister. Et les religieuses n'y sont pas moins obligées que les religieux, puisque Dieu permettra peut-être, soit durant leur vie ou après leur mort, que leurs prières seront utiles à plusieurs. Le saint frère Jacques nous en est une grande preuve. Ce n'était qu'un simple frère-lai[11], qui ne s'occupait qu'à servir ; et tant d'années après sa mort, Dieu le rend célèbre pour nous donner en lui un exemple dont nous devons beaucoup le remercier. Que s'il plait à Notre-Seigneur, mes filles, de vous mettre dans les dispositions dont j'ai parlé, auxquelles on ne peut arriver que par l'oraison, la pénitence, l'humilité et plusieurs autres vertus, il vous manque peu pour arriver à cet amour et à cette paix que souhaite l'époux, et vous ne sauriez par trop de soupirs et trop de larmes tâcher d'obtenir de la bonté de ce divin époux de vous faire jouir pleinement de cette grâce. Qu'il soit loué à jamais comme étant la source éternelle de toute sorte de biens.

CHAPITRE III

Sur ces mêmes paroles de l'épouse dans le Cantique des cantiques :
Que le Seigneur me baise d'un baiser de sa divine bouche.

Que ce baiser signifie la paix que l'âme, qui est cette heureuse épouse,
demande à Jésus-Christ, son divin époux. Que cette paix, qui est un effet de
ce divin baiser, est inséparable de l'amour qu'il a pour elle, et de celui
qu'elle a pour lui. Effets admirables de cette paix, et quels sont ceux que la
réception de la sainte Eucharistie doit opérer dans les âmes, Paroles
excellentes que la Sainte adresse à Jésus-Christ sur ce sujet.

SUR CES MÊMES PAROLES : QU'IL ME BAISE D'UN BAISER DE SA BOUCHE.

Je viens maintenant, ô saint époux, à cette bienheureuse paix que vous
demandez à votre épouse, à cette paix que l'âme souhaite avec tant d'ardeur
qu'elle ne craint point, pour l'acquérir, de déclarer la guerre à tout ce qu'il y
a dans le monde, sans néanmoins que cette ardeur, quelque grande qu'elle
soit, lui donne le moindre trouble. Qui peut exprimer quel est le prix de cette
faveur ? Elle unit de telle sorte, l'âme à son Dieu, que non seulement ses
paroles, mais ses actions montrent qu'elle n'a plus d'autre volonté que la
sienne. Il n'y a rien qu'elle n'abandonne pour lui obéir ; elle se moque des
raisons que son entendement lui représente au contraire, et des
appréhensions qu'il s'efforce de lui donner ; elle méprise ses intérêts
particuliers, elle laisse agir pleinement sa foi, et ne trouve de satisfaction et
de repos qu'en ce qui peut contenter son saint époux.

Vous vous étonnerez peut-être, mes sœurs, de ce que je viens de dire,
parce que c'est une chose louable d'agir avec discrétion en toutes choses ;
mais si les effets vous font juger (car de le savoir de certitude, cela ne se
peut) que Notre-Seigneur vous a accordé la prière que vous lui avez faite de
vous donner ce divin baiser, n'appréhendez point de renoncer à tout, et de
vous oublier vous-mêmes pour ne penser qu'à lui plaire.

QUE LA PAIX DE L'ÂME EST UN EFFET DE CE DIVIN BAISER, ET QU'ELLE EN PRODUIT D'ADMIRABLES.

Quand ce saint époux honore une âme d'une si grande faveur, il la lui fait connaître par diverses marques, telles que sont celles d'avoir pour toutes les choses de la terre le mépris qu'elles méritent, de ne chercher de consolation qu'avec les personnes qui ont de l'amour pour lui, et de trouver la vie ennuyeuse, et d'autres dispositions semblables. Leur seule appréhension est de n'être pas dignes qu'il se serve d'elles en des occasions où il y ait beaucoup à souffrir ; et c'est en ces rencontres où je viens de dire que l'amour et la foi agissent, sans écouter ce que l'entendement leur représente, parce que cette bienheureuse épouse a reçu de son divin époux des connaissances jusqu'auxquelles son esprit ne pouvait atteindre.

Voici une comparaison qui pourra vous le faire comprendre. Un homme se trouve esclave des Maures, et ne peut, à cause de l'extrême pauvreté de son père, espérer de recouvrer sa liberté que par le moyen d'un intime ami qu'il a. Si cet ami, voyant que son bien ne suffit pas pour le racheter, se résout de se rendre esclave au lieu de lui, afin de le délivrer, la discrétion vient aussitôt lui représenter qu'il se doit plutôt à lui-même qu'à son ami ; qu'il n'aurait peut-être pas tant de force que lui pour demeurer ferme dans la foi ; qu'il ne pourrait, sans imprudence, s'engager dans un si grand péril, et d'autres raisons non moins apparentes ; mais la générosité de ce parfait ami est si grande, qu'il ne les écoute point.

Ainsi, ô véritable amour de mon Dieu ! que vous êtes puissant, puisque rien ne vous paraît impossible ! et qu'heureuse est l'âme à qui il donne cette paix qui lui fait mépriser tous les travaux et tous les périls, sans pouvoir être touchée d'aucune autre, crainte que de ne le pas servir comme elle le souhaite, et comme il mérite de l'être !

Vous n'ignorez pas sans doute, mes filles, que saint Paulin, évêque de Nole, touché des larmes d'une veuve dont le fils était prisonnier, se rendit esclave au lieu de lui pour le tirer de captivité. Comme il ne fit cette action ni pour un fils, ni pour un ami, mais par le mouvement d'une charité plus élevée, et qui ne pouvait procéder que de son ardent amour pour Jésus-Christ, il est visible qu'il avait reçu de lui cet amour et cette paix dont j'ai parlé. Ainsi on ne doit pas s'étonner qu'il ait voulu imiter en quelque sorte ce qu'il a plu à ce divin Sauveur de souffrir pour nous, lorsqu'il est venu du ciel sur la terre pour nous affranchir de la servitude du démon ; et chacun sait l'heureux succès qu'eut la charité si extraordinaire de ce grand évêque.

J'ai connu, et vous avez vu ce religieux du même ordre du bienheureux père Pierre d'Alcantara, qui me vint trouver tout fondant en pleurs par le violent désir qu'il avait de délivrer un captif en se mettant à sa place. Nous en conférâmes ensemble, et son général accorda enfin cette permission à ses instantes prières ; mais, lorsqu'il n'était plus qu'à quatre lieues d'Alger, Dieu le retira à lui, et qui peut douter de la récompense qu'il a reçue ? Néanmoins assez de gens d'entre ceux qui affectent la qualité de discrets, et qui passent pour tels dans le monde, lui disaient qu'il faisait une folie ; et comme nous ne sommes pas encore arrivés jusqu'à un si haut degré d'amour pour Dieu que celui qu'avait ce saint religieux, nous sommes capables de faire un semblable jugement. Mais y a-t-il, au contraire, une plus grande folie que d'attribuer à prudence cette dangereuse discrétion qui nous fait ainsi passer la vie comme dans un profond sommeil ; au lieu que l'amour de Dieu devrait nous réveiller pour travailler sans cesse à lui plaire ? Je le prie de tout mon cœur de nous faire la grâce, non seulement d'entrer dans le ciel, mais d'être du nombre de ceux qui y rentrent après lui avoir donné ici-bas de si grandes preuves de leur amour.

Vous voyez donc, mes filles, que nous ne saurions, sans une assistance toute particulière de Dieu, nous porter à de si grandes actions. C'est pourquoi, si vous me croyez, ne vous lassez jamais de demander à votre divin époux cet amour et cette paix dont j'ai parlé ; c'est le moyen de vous élever de telle sorte au-dessus de ces vaines craintes et de cette fausse prudence du siècle, qui voudraient troubler votre repos, que vous puissiez, sans vous en émouvoir, les fouler aux pieds. Car n'est-il pas évident que, lorsque Dieu témoigne tant d'amour à une âme que l'unir si étroitement à lui, il n'y a point de faveurs dont il ne la gratifie et ne l'enrichisse. La seule chose que nous y pouvons contribuer est de désirer et de lui demander qu'il nous fasse cette grâce. Mais cela même, nous ne le pouvons que par son assistance, à cause que le péché nous a réduits dans un état si déplorable, que nous n'envisageons les vertus que selon la faiblesse de notre nature ; et quel remède, mes filles, à un si grand mal ? Nul autre sans doute que de demander à notre divin époux qu'il nous baise d'un baiser de sa bouche.

Si un roi épousait une simple paysanne, et qu'il en eût des enfants, ne seraient-ce pas des princes, nonobstant la bassesse de l'extraction de leur mère ? Ainsi, lorsque Notre-Seigneur a fait une si grande faveur à une âme que de la prendre pour son épouse, ne sera-ce pas la faute de cette âme, si l'on ne voit naître de ce divin mariage des désirs ardents, des résolutions généreuses, et des actions héroïques ?

CE QUE L'EUCHARISTIE DEVRAIT OPÉRER DANS NOS ÂMES.

Je suis très-persuadée que si nous nous approchions de l'adorable Eucharistie avec une grande foi et un grand amour, une seule communion nous enrichirait des trésors célestes. À combien plus forte raison tant de communions devraient-elles donc y suffire ! Mais faut-il s'étonner que nous en tirions si peu de fruit, puisqu'il semble que nous ne nous approchions de la sainte table que par cérémonie et par coutume ? Misérable monde, qui nous fermez ainsi les yeux pour nous empêcher de voir le bonheur éternel que nous pourrions acquérir, si nous recevions ce grand sacrement avec un cœur tout brûlant d'amour pour notre Sauveur, et de charité pour notre prochain !

« Ô Seigneur du ciel et de la terre ! est-il possible que nous soyons capables de recevoir, dans un corps mortel, des preuves si extraordinaires de votre amour ? Est-il possible que le Saint-Esprit le déclare si nettement par ces paroles que j'ai rapportées ? Est-il possible que nous ne voulions pas comprendre quelles sont les faveurs dont ce cantique fait voir qu'un Dieu tout-puissant veut bien honorer les âmes ? Ô faveurs inconcevables ! ô paroles si douces et si pénétrantes qu'une seule devrait, par la tendresse de notre amour pour vous, mon Sauveur, nous faire tomber dans une sainte défaillance ! Que vous soyez béni à jamais de ce qu'il ne tient pas à vous que nous ne jouissions d'un si grand bonheur. En combien de diverses manières avez-vous voulu et voulez-vous encore tous les jours nous témoigner votre amour ? Vous ne vous contentez pas d'avoir passé dans les travaux continuels tout le temps que vous avez vécu dans le monde, et d'avoir enduré sur la croix la plus cruelle de toutes les morts ; vous souffrez encore tous les jours, et nous pardonnez les injures que nous vous faisons, et l'excès de votre miséricorde va jusqu'à percer notre cœur par des paroles aussi pénétrantes que sont celles de ce divin cantique, pour nous apprendre ce que nous devons dire ; et quoiqu'elles ne nous fassent pas toute l'impression qu'elles devraient, à cause de la disproportion infinie qu'il y a entre vous et nous, celle qu'elles y font est telle, qu'il nous serait impossible de la supporter, si votre bonté ne venait au secours de notre faiblesse pour nous en donner la force. Je ne vous demande donc, mon Sauveur, autre chose en ce monde, sinon de m'honorer d'un baiser de votre divine bouche, qui produise en moi un tel effet, que je ne puisse, quand je le voudrais, me refroidir dans cet amour, et me ralentir dans cette étroite union que vous voulez bien me faire la grâce que j'aie pour vous et avec vous. Faites, ô souverain maître de ma vie ! que ma volonté soit toujours tellement soumise à la vôtre, que rien n'étant capable de l'en séparer, je puisse vous dire : Ô mon Dieu qui êtes toute ma gloire, *que le lait qui coule de vos divines mamelles est plus délicieux que le vin.* »

CHAPITRE IV

Sur ces paroles de l'épouse dans le Cantique des cantiques : Le lait qui coule de vos mamelles, ô mon divin époux ! est plus délicieux que le vin, et il en sort une odeur qui surpasse celle des parfums les plus excellents.

La Sainte dit qu'elle croit que ces paroles se doivent entendre des faveurs particulière ; que Dieu fait à l'âme dans l'oraison, et en représente les effets d'une manière qui montre combien tout ce que l'on peut s'imaginer de plaisirs et de contentements dans le monde est méprisable en comparaison d'un bonheur si extraordinaire.

SUR CES PAROLES, LE LAIT QUI COULE DE VOS MAMELLES EST PLUS DÉLICIEUX QUE LE VIN.

Les secrets, mes filles, qui sont renfermés dans ces paroles, sont si grands et si admirables qu'étant comme impossible, de les exprimer, nous devons prier Dieu de nous faire la grâce de les connaître par notre propre expérience. Lorsqu'il plaît à ce saint époux de faire une si grande faveur à une âme que de lui accorder la demande dont je viens de parler ; il commence à contracter avec elle une amitié qui ne peut être comprise que de ceux qui en ressentent les effets. J'en parlerai peu ici, parce que, dans la créance que cela pourrait vous être utile, j'en ai écrit fort au long en des traités que vous verrez après ma mort, si Notre-Seigneur l'a pour agréable. Je ne saurais assurer d'avoir rapporté précisément les mêmes paroles qu'il lui a plu de me dire sur ce sujet.

Une si grande faveur répand une telle douceur dans le plus intérieur de l'âme, qu'elle lui fait bien sentir que Notre-Seigneur est proche d'elle. Cette douceur ne ressemble point à ces dévotions qui font répandre quantité de larmes lorsque l'on pense à sa passion, ou que l'on pleure ses péchés. Car la tendresse dont ces larmes sont accompagnées n'approche point de celle que l'on ressent pendant l'oraison dont je parle. Je la nomme oraison quiétude, à cause du calme où elle met toutes les puissances, et qui est tel que l'âme croit si assurément posséder Dieu, qu'elle pense n'avoir plus rien à souhaiter. Il arrive néanmoins quelquefois, lorsque l'extase n'est pas si grande, que cela ne passe pas entièrement de la sorte. Mais dans celle dont je traite, tout l'homme extérieur et intérieur se sent pénétré et fortifié comme par une liqueur précieuse et odoriférante, qui, pénétrant jusque dans la moelle de l'âme, si l'on peut user de ce tenue, la remplit toute d'une senteur délicieuse, de même que si l'on entrait dans une chambre pleine de l'odeur de divers parfums, on n'en serait pas moins ravi que surpris, sans toutefois pouvoir dire quels sont ces parfums qui produisent une senteur si admirable. C'est ainsi que cet amour de Notre-Seigneur, plus délicieux que l'on ne saurait se l'imaginer, entre dans une âme avec une douceur si merveilleuse, qu'elle la comble de joie, sans qu'elle puisse comprendre d'où cette divine douceur procède, et c'est, à mon avis, ce que l'épouse veut dire par ces paroles : *Le lait qui coule de vos mamelles est plus délicieux que le vin ; et il en sort une odeur qui surpasse celle des parfums les plus excellents.* Elle ne sait en quelle manière cela se fait, ni comment un si grand bonheur lui arrive, et elle appréhende si fort de le perdre qu'à peine ose-t-elle respirer, tant elle craint que la moindre chose ne l'en éloigne. Mais par ce que j'ai dit ailleurs de quelle sorte elle se doit conduire dans ces occasions pour en tirer du profit, et que je n'en parle ici qu'en passant ; je me contenterai d'ajouter que Notre-Seigneur témoigne à l'âme, par cette preuve si particulière de son amour, qu'il veut s'unir si intimement à elle, qu'elle ne puisse jamais plus être séparée de lui. Dans la lumière dont l'âme se trouve environnée et si éblouie, qu'elle comprend à peine ce que c'est que cette lumière, ce divin époux lui fait connaître de grandes vérités, et quel est le néant du monde. Elle ne voit point toutefois cet adorable maître qui l'instruit, elle sait seulement de certitude qu'il est avec elle ; elle se trouve si éclairée et si affermie dans les vertus, qu'elle ne se connaît plus elle-même. Elle voudrait ne s'occuper jamais qu'à publier ses louanges ; elle est si plongée, ou, pour mieux dire, si abîmée dans le bonheur dont elle jouit, qu'elle est comme dans une sainte ivresse. Elle ne sait durant ce transport, ni que vouloir ni que demander à Dieu ; elle ne sait ce qu'elle est devenue : et elle n'est pas tellement hors de soi qu'elle ne comprenne quelque chose de ce qui se passe en elle.

Ainsi, quand cet immortel époux veut avec tant de profusion enrichir et comme combler une âme des trésors de ses grâces, il l'unit si étroitement à lui, que, dans l'excès de son bonheur, elle tombe entre ses bras comme évanouie. Tout ce qu'elle peut faire est de s'appuyer sur lui, et de recevoir ce lait si délicieux qui la soutient, qui la nourrit, qui la fortifie, et qui la met en état d'être honorée de nouvelles faveurs qui la rendent capable d'en recevoir encore de plus grandes.

Après que l'âme est revenue, ainsi que d'un profond sommeil, de cette bienheureuse ivresse, elle se trouve si étonnée qu'il me semble que dans ce transport qui paraît tenir quelque chose de la folie, elle peut dire ces paroles : *Le lait qui coule de vos mamelles est plus délicieux que le vin.* Ce transport vient de ce que lorsque l'âme était dans cette ivresse sainte, elle ne croyait pas que son bonheur pût aller plus loin, et que s'étant néanmoins ensuite vue élevée encore plus haut, et abîmée dans cette immense grandeur de Dieu, elle se sent tellement fortifiée par ce lait céleste dont son divin époux l'a favorisée, que l'on ne doit pas s'étonner qu'elle lui dise qu'il est plus délicieux que le vin. Or, de même qu'un enfant ne sait comment il croit, ni comment il tète, et que sa nourrice lui met souvent le tétin dans la bouche, sans qu'il ait besoin de le chercher, ainsi l'âme ne sait ni d'où ni comment un si grand bonheur lui arrive.

Sachez, mes filles, que quand tous les plaisirs que l'on saurait goûter dans le monde seraient joints ensemble, ils n'approcheraient point de ce plaisir si élevé au-dessus des sens et de la nature. L'âme, comme je l'ai dit, se trouve nourrie sans savoir d'où lui est venue cette nourriture. Elle se trouve instruite de grandes vérités sans avoir vu le maître qui les lui a enseignées. Elle se trouve fortifiée dans les vertus par celui qui seul les peut augmenter, et elle se trouve favorisée de nouvelles grâces par l'auteur de toutes les grâces, par son divin époux qui en est la source, et qui l'aime avec une telle tendresse, que l'on ne peut comparer la joie qu'il a de la combler de tant de faveur, qu'au plaisir que prend une mère de témoigner son affection à un enfant pour lequel elle a une passion tout extraordinaire.

Je prie Dieu, mes filles, de vous faire la grâce de comprendre, ou, pour mieux dire, de goûter, puisqu'on ne saurait le comprendre d'une autre manière, quel est le contentement dont l'âme jouit lorsqu'elle est arrivée à ce bienheureux état. Que ceux qui sont si enchantés des fausses félicités du monde, viennent un peu les comparer à celle-ci. Quand ils pourraient jouir en même temps durant plusieurs siècles de toutes les grandeurs, de tous les honneurs, de tous les biens, de tous les plaisirs, et de toutes les délices qu'ils sauraient souhaiter, sans être jamais traversés par le moindre chagrin et la moindre inquiétude, cela n'approcherait pas d'un instant du bonheur que goûte l'âme à qui Notre-Seigneur fait une si merveilleuse faveur. Saint Paul dit que tous les travaux que l'on peut souffrir en cette vie, ne sauraient mériter la gloire dont on jouira dans le ciel, et j'ose ajouter qu'ils ne sauraient mériter seulement une heure du plaisir inconcevable dont je viens de parler, parce qu'il n'y a point de proportion entre cette faveur et ces travaux. Ainsi, quelque grands qu'ils soient, ils ne sauraient rendre l'âme digne d'une si intime union avec son divin époux, et de cette effusion de son amour qui lui découvre tant de vérités et lui donne un si grand mépris de toutes les choses du monde. Qu'est-ce donc que ces travaux passagers pour les faire entrer en comparaison avec une telle faveur ? Si ce n'est pas pour l'amour de Dieu qu'on les souffre, ils ne méritent aucune récompense, et si c'est pour l'amour de lui qu'on les endure, la connaissance qu'il a de l'infirmité de notre nature les lui fait proportionner à notre faiblesse.

Ô chrétiens, ô mes filles, ne nous réveillerons-nous point enfin de ce dangereux assoupissement qui nous fait passer cette vie comme dans un profond sommeil ? Je vous conjure au nom de Dieu d'en sortir et de considérer qu'il ne nous réserve pas seulement en l'autre monde la récompense de l'amour que nous lui portons, mais qu'il commence dès maintenant à nous la donner. « Jésus, mon Sauveur, qui pourra nous faire connaître le merveilleux avantage que c'est à une âme de se jeter entre vos bras, de s'abandonner à votre conduite, et de dire, après s'être entièrement donnée à vous : Je suis toute à mon saint époux, et mon saint époux est tout à moi. Il a soin de tout ce qui me regarde, et je ne pense qu'à lui plaire. Serait-il possible, mes filles, que n'aimant que nous-mêmes, au lieu de n'aimer que lui, nous fussions si malheureuses que d'être, par notre folie, la cause de notre perte ? Je vous prie donc encore, mon Dieu et vous conjure par le sang que votre Fils a répandu sur la croix, de me faire la grâce de me donner un baiser de votre divine bouche, et de goûter du lait de vos mamelles sacrées. Car que suis-je, Seigneur, si je ne suis assistée de vous ? Que suis-je, si je ne suis unie à vous ? Et que deviendrai-je pour peu que je m'éloigne de vous ? Ô mon Sauveur, qui êtes toute mon espérance et tout mon bonheur, que puis-je souhaiter en cette vie qui me soit si avantageux que d'être inséparablement attachée à vous ? pourvu que vous me permettiez d'être toujours en votre compagnie, rien ne me paraîtra jamais difficile ; et que n'entreprendrai-je point pour votre service lorsque je me verrai si proche de vous ? Mais, hélas ! Seigneur, au lieu d'avoir la joie de vous servir, je n'ai qu'à m'accuser, avec une extrême confusion, de ce que je ne vous sers point, et permettez-moi de vous dire du fond de mon cœur avec saint Augustin : Donnez-moi la grâce d'accomplir ce que vous me commandez, et commandez-moi ce que vous voudrez. Avec cette assistance, mon Dieu, rien ne sera capable de m'ébranler, et je ne tournerai jamais la tête en arrière dans ce qui regarde votre service. »

CHAPITRE V

Sur ces paroles de l'épouse dans le Cantique des cantiques : Je me suis assise à l'ombre de celui que j'avais tant désiré de trouver, et rien n'est plus délicieux que le fruit dont il lui a plu de me faire goûter.

Explication que la Sainte donne à ces paroles.

SUR CES PAROLES : JE ME SUIS ASSISE À L'OMBRE DE CELUI QUE JE CHERCHAIS.

Pour connaître si Dieu nous fait une aussi grande faveur qu'est celle dont je viens de parler, demandons à cette bienheureuse épouse qu'il a honorée d'un baiser de sa bouche et fortifiée par ce lait si délicieux, ce que l'on doit sentir, ce que l'on doit faire, et ce que l'on doit dire lorsque l'on est en cet état. Elle nous l'apprend par ces paroles : *Je me suis assise à l'ombre de celui que j'aime, et rien n'est plus délicieux que le fruit dont il lui a plu de me faire goûter. Ce grand roi m'a fait entrer dans ce divin cellier de son vin céleste, et ordonné en moi la charité. Considérons, mes filles, ces premières paroles : Je me suis assise à l'ombre de celui que j'avais tant désiré de trouver, et rien n'est plus délicieux que le fruit dont il lui a plu de me faire goûter.*

Mais comment s'accorde ceci ? L'épouse avait auparavant nommé son divin époux un soleil qui par l'ardeur de ses rayons l'avait toute décolorée, et maintenant elle le nomme un arbre dont le fruit est très-excellent. Ô vous toutes qui vous exercez à l'oraison, pesez chacune de ces paroles, afin de connaître en combien de diverses manières nous pouvons considérer Notre-Seigneur, et les diverses faveurs dont il nous honore. Il est cette admirable et divine manne qui a tous les goûts que nous saurions désirer. Celle que les enfants d'Israël ramassaient dans le désert n'en était que la figure. Et qui pourrait exprimer les merveilles que Dieu fait voir à l'âme à travers de cette ombre toute céleste ? Cela me fait souvenir de ces paroles de l'ange à la très-sainte Vierge : *La vertu du Très-Haut vous couvrira de son ombre.* Qu'une âme est heureuse lorsque Dieu la met dans cette disposition ! Elle n'a plus rien à craindre.

Mais remarquez qu'excepté très-peu de personnes que Dieu, par une faveur tout extraordinaire, telle que celle qu'il fit à saint Paul élève dans un moment au comble de la contemplation en leur apparaissant et en leur parlant, il n'accorde ces grâces si sublimes qu'à ceux qui ont un grand amour pour lui, qui ont beaucoup travaillé pour son service, qui ne trouvent rien de difficile pour lui plaire, qui ont depuis longtemps un extrême mépris du monde, qui ne cherchent leur consolation, leur plaisir et leur repos, que dans ce qu'ils savent lui être agréable, qui ne veulent point d'autre protection que la sienne, et qui font voir par toute leur conduite et leurs actions, qu'ils ne s'appuient que sur l'éternelle vérité. Nulle prudence n'égale, mes filles, celle de ces âmes qui mettent ainsi leur unique confiance en ce grand roi et ce souverain maître de l'univers. Il accomplira leurs désirs, elles ne seront point trompées dans leur espérance, et lorsqu'il les juge dignes d'être à couvert sous son ombre, elles sont heureuses dans les choses mêmes qui tombent dessous les sens, sans parler de celles que j'ai éprouvées diverses fois, qu'une intelligence beaucoup plus élevée les rend capables de comprendre. Quand l'âme jouit de ce merveilleux plaisir dont j'ai parlé, elle se sent tout environnée, toute couverte, et tout enveloppée d'une ombre qui est comme une nuée de la divinité, d'où tombe sur elle une rosée si délicieuse et accompagnée d'influences si favorables, qu'il n'y a pas sujet de s'étonner qu'elle oublie toutes les peines et tous les dégoûts que les choses du monde lui ont causés.

Elle jouit en cet état d'un repos si admirable, que même la nécessité de respirer lui est pénible, et ses puissances sont si calmes, que sa volonté, bien loin de chercher des pensées pour s'occuper, désirerait qu'il ne s'en présentât point à elle quoique bonnes, parce que la faveur que lui fait son divin époux est si grande, que ce fruit auquel elle la compare, n'ayant point besoin, comme les autres mets les plus délicieux, d'être préparé, elle n'a qu'à le recevoir pour en goûter la douceur et l'excellence.

C'est avec raison que l'on use des mots d'ombre de la divinité, parce qu'il y a comme une nuée qui nous empêche ici-bas de la voir, et que nous en avons seulement quelque connaissance, si ce n'est lorsqu'il plaît à ce soleil éternel, par un effet de son amour, lancer à travers ces nuages quelques rayons, non pour se montrer à nous à découvert, mais pour nous faire comprendre d'une manière inexplicable qu'il est tout proche de nous, et je suis assurée que ceux qui ont éprouvé ce que je dis, demeureront d'accord que c'est le véritable sens de ces paroles de l'épouse dans ce cantique.

Il me semblé que le Saint-Esprit étant alors médiateur entre ce divin époux et cette bienheureuse épouse, il lui donne cet ardent désir de brûler dans le feu de son amour dont elle est si proche. Qui pourrait exprimer, ô mon Sauveur, jusqu'à quel excès va la faveur que vous lui faites alors ? et soyez-vous béni et loué à jamais d'avoir tant d'affection pour elle. Mon Dieu, mon Créateur, est-il possible qu'il y ait quelqu'un qui, parce qu'il est indigne de vous connaître, ne vous aime pas ? Admirez, mes filles, de quelle sorte cet arbre, qui est Jésus-Christ lui-même, abaisse ses grandeurs infinies qui sont comme ses branches, pour nous donner moyen de cueillir et de goûter les fruits si délicieux de ses grâces, et considérez combien nous sommes obligées au sang qu'il a répandu sur la croix pour arroser cette divine plante, afin de la rendre capable de produire en notre faveur des effets si merveilleux de l'ardent amour qu'il nous porte.

CHAPITRE VI

Sur ces paroles de l'épouse dans le Cantique des cantiques : Ce grand roi m'a fait entrer dans son divin cellier, et boire de ce vin si excellent. Il a ordonné en moi la charité.

La Sainte, dans l'explication de ces paroles, compare à une sainte ivresse les grands ravissements que l'on a dans l'oraison. Différence qu'il y a entre la volonté et l'amour. Que ces paroles : Il a ordonné en moi la charité, signifient que Dieu règle les mouvements de l'amour de l'âme. État de l'âme dans ces saints transports. Exemples que la Sainte en rapporte ; et effets qu'ils produisent.

SUR CES PAROLES : CE GRAND ROI M'A FAIT ENTRER DANS SON DIVIN CELLIER, ETC.

L'épouse disait auparavant que son divin époux la nourrissait du lait si délicieux qui coulait de ses mamelles. Elle a dit ensuite que cette divine nourriture l'ayant mise en état de recevoir un aliment plus solide, il lui a fait goûter de ce fruit admirable dont nous venons de parler, afin de la rendre capable de le servir et de souffrir. Il semble qu'après cela elle n'ait plus rien à désirer, sinon que son céleste époux l'honore d'un baiser de sa bouche et la mette sous son ombre, qui sont ces faveurs si sublimes que je n'ai touchées qu'en passant, et que vous trouverez, mes filles, clairement expliquées dans le traité dont j'ai parlé, si Notre-Seigneur permet qu'il voie jamais le jour. Mais lorsque cet adorable époux voit qu'une âme s'oublie de telle sorte elle-même qu'elle le sert purement pour l'amour de lui, il ne cesse point de se communiquer à elle en mille manières qui lui sont inconcevables. Il ajoute à tant de faveurs d'autres faveurs qui surpassent infiniment ses désirs et ses pensées, et qui montrent combien elle perdrait s'il ne lui donnait que ce qu'elle pourrait lui demander.

Voyons maintenant, mes filles, ce que l'épouse dit ensuite : *Ce grand roi m'a fait entrer dans son divin cellier*. Il semble que cette heureuse âme étant en si grand repos, et à l'ombre de son divin époux, il ne lui restait rien à souhaiter que d'y demeurer toujours. Mais si ses désirs sont limités, les libéralités de cet incomparable roi ne le sont pas ; il a toujours de quoi donner, et il ne cesserait jamais de départir des grâces et des faveurs, s'il trouvait sur qui les répandre. Imprimez, mes filles, si fortement cette vérité dans votre esprit et dans votre cœur, qu'elle ne s'en puisse jamais effacer. J'en parle par expérience, car j'ai vu des personnes qui priant seulement Dieu de leur donner des occasions de mériter en souffrant pour l'amour de lui, proportionnées à leurs forces, il les récompensait en leur envoyant tant de travaux, de persécutions et de maladies, qu'elles ne savaient où elles en étaient, et il redoublait en même temps leur courage pour leur donner la force de les supporter. Cela m'est arrivé à moi-même lorsque j'étais encore assez jeune, et me réduisait quelquefois à lui dire : « En voilà beaucoup, mon Sauveur ; je me contenterais à moins. » Et quand je lui parlais ainsi, il augmentait de telle sorte ma patience, que je ne saurais penser sans étonnement à la manière dont je supportais ces maux. Elle était telle que je n'aurais pas voulu changer mes peines contre tous les trésors qui sont dans le monde.

Considérez, je vous prie, mes filles, dans ces paroles de l'épouse : *Ce grand roi m'a fait entrer dans son divin cellier,* quelle joie ce lui est de penser que son époux est un roi tout-puissant, et que son royaume est éternel. Car lorsque l'âme est arrivée à cet état, il s'en faut peu qu'elle ne connaisse, dans toute son étendue, la grandeur de ce suprême monarque, et je ne crains point d'assurer qu'au moins connaît-elle tout ce qu'elle en peut connaître en cette vie.

Elle dit donc *qu'il la fait entrer dans son divin cellier, et qu'il a ordonné en elle la charité.* Ces paroles montrent combien grande est cette faveur, puisque ainsi que l'on peut donner plus ou moins de vin à boire, il y a des vins qui excellent de beaucoup par-dessus les autres, et que tous n'enivrent pas également, il en est de même de ces faveurs de Dieu. Il donne à l'un plus de dévotion, à l'autre moins ; il fait que celle des uns augmente de telle sorte, qu'ils commencent à s'oublier eux-mêmes, et renoncent à tous les plaisirs des sens et à l'affection de toutes les choses créées ; il donne à d'autres une ferveur extraordinaire pour ce qui regarde son service ; il rend les autres transportés de son amour ; et il allume dans le cœur des autres une si grande charité pour le prochain, que, quelque grands que soient les travaux où ils s'engagent pour la lui témoigner, ils ne les méprisent pas seulement, mais ils y paraissent insensibles. Les paroles de l'épouse que nous venons de rapporter expriment toutes ces choses, puisqu'on disant que son époux la fait entrer dans ce cellier tout rempli d'un vin céleste, elle montre qu'il lui permet d'en boire jusqu'à tomber dans une heureuse et sainte ivresse ; car ce grand roi n'honore pas une âme d'une si extrême faveur pour la lui rendre inutile. Il lui permet de boire autant qu'elle veut de ces vins délicieux, et de s'enivrer de ces joies inconcevables qui la ravissent dans l'admiration de ses grandeurs. Ce saint transport l'élève si fort au-dessus de la faiblesse de la nature, qu'au lieu d'appréhender de perdre la vie en servant son divin époux, elle souhaiterait mourir dans ce paradis de délices. Qu'heureuse, mes filles serait cette mort qui la ferait jouir d'une vie incomparablement plus excellente et plus désirable que la première ! Il est certain que ce que je viens de dire se passe de la sorte, parce que les merveilles que l'âme voit alors sont si grandes, qu'elle sort comme hors d'elle-même, ainsi que l'épouse le témoigne par ces paroles : Il a ordonné en moi la charité. Quelles paroles ! et quelle impression ne doivent-elles point faire dans les âmes que Dieu favorise d'une telle grâce, sans qu'elles puissent jamais la mériter, si lui-même ne les en rend dignes !

L'âme en cet état ne sait pas seulement si elle aime, tant elle est comme endormie et comme enivrée ; mais qu'heureux est ce sommeil ! que souhaitable est cette ivresse ! Son divin époux vient à son secours ; il fait que dans cet endormissement et cette espèce de mort de toutes ses puissances, l'amour qu'elle lui porte est si vivant, qu'encore qu'elle ne comprenne rien à la manière dont il agit, il l'unit si intimement à son époux, qui est l'amour même et son Dieu, qu'elle devient une même chose avec lui, sans que ni les sens, ni l'entendement, ni la mémoire puisse y apporter d'obstacle, et il n'y a que la volonté qui comprenne quelque chose à ce qui se passe.

DIFFÉRENCE QU'IL Y A ENTRE LA VOLONTÉ ET L'AMOUR.

En écrivant ceci, il m'est venu dans la pensée de savoir s'il n'y a point de différence entre la volonté et l'amour, et il me paraît qu'il y en a, en quoi peut-être je me trompe. Il me semble donc qu'un amour dégagé de toutes les choses de la terre, et qui n'a pour objet que Dieu, est comme une flèche que la volonté tire à son Dieu avec tout l'effort dont elle est capable, et que cet époux céleste, étant, comme il est, tout amour, la blessure toute d'amour qu'il reçoit lui est si agréable, qu'il renvoie cette flèche tout embrasée d'un nouvel amour, avec des avantages pour l'âme dont je parlerai dans la suite. J'ai su, de quelques personnes à qui Dieu a fait cette extrême faveur dans l'oraison, que le ravissement dans lequel elle les met est tel, qu'il paraît non seulement en l'extérieur qu'elles sont hors d'elles-mêmes, mais que si on leur demandait ce qu'elles sentaient alors, elles ne le sauraient dire, ni n'ont rien compris à la manière dont l'amour agissait en elles. Elles le connaissent seulement par les merveilleux avantages qu'elles en reçoivent ; leur foi devenant plus vive, leurs vertus plus fermes, et leur mépris du monde encore plus grand. Or, comme l'âme reçoit tous ces avantages de la pure bonté de son époux, sans y rien contribuer, tout ce qu'elle y comprend est l'incroyable douceur qu'elle ressent lorsqu'elle commence d'entrer dans ces ravissements et ces extases. Il est évident que c'est ce que l'épouse prétend dire par les paroles que nous venons de rapporter ; car cette merveilleuse douceur et cette consolation indicible est tout ce qui paraît d'animé en elle, lorsque son divin époux la comble de tant de faveurs, sans qu'elle fasse autre chose que les recevoir.

On peut, sur ce sujet demander deux choses ; l'une, si quand l'âme est en cet état, et tellement hors d'elle-même qu'il semble que ces puissances ne sauraient agir, elle est capable de mériter ; l'autre, s'il est vraisemblable qu'elle ne profite point d'une faveur si signalée en méritant. Mais les secrets de Dieu seraient-ils impénétrables, si notre esprit était capable de les comprendre ? Et pouvons-nous trop nous humilier et nous anéantir dans la vue de ses grandeurs infinies ? Nous n'avons alors qu'à imiter la conduite de la sainte Vierge, qui, après avoir demandé à l'ange de quelle sorte ce grand mystère qu'il lui annonçait pourrait s'accomplir, et qu'il lui eut répondu que le Saint-Esprit l'opérerait en elle, et que la vertu du Très-Haut la couvrirait de son ombre, quoique ses lumières fussent si élevées au-dessus des nôtres, elle n'eut pas la curiosité de s'en informer davantage, mais crut que cette réponse suffisait pour dissiper tous ses doutes et toutes ses craintes. Il serait à désirer que certains savants à qui Dieu ne donne pas cette manière d'oraison et qui n'en ont pas seulement la moindre idée, demeurassent dans une semblable humilité, sans vouloir, comme ils font, juger des choses par leur faible raisonnement, et s'imaginer que leur esprit, tout petit qu'il est peut, par le moyen de leur science, les rendre capables de comprendre les grandeurs infinies de Dieu.

Ô reine des anges et des hommes ! c'est par vous que l'on peut connaître ce qui se passe entre ce divin époux et son épouse, et qu'elle exprime en ce cantique, dont une partie est rapportée dans les antiennes et les leçons de l'office que nous récitons toutes les semaines en son honneur. Il vous sera facile, mes filles, avec l'assistance de Dieu, de connaître si vous êtes arrivées jusqu'à recevoir des grâces semblables à celles dont parle l'épouse, quand elle dit : *Il a ordonné en moi la charité.*

EXPLICATION DE CES PAROLES : IL A ORDONNÉ EN MOI LA CHARITÉ.

Il faut voir maintenant de quelle sorte, lorsque l'âme est dans cet heureux sommeil et dans cette ivresse sainte. Dieu ordonne en elle la charité, c'est-à-dire règle les mouvements de son amour. Car il paraît bien qu'elle ne savait où elle était, ni ce qu'elle devait faire pour reconnaître des faveurs aussi éminentes et aussi sublimes que celles qu'elle recevait de son divin époux, puisqu'elle ne l'en remerciait pas. Ô âmes chéries de Dieu ! que l'ignorance de ce qui s'est passé dans un état aussi heureux qu'est celui où vous vous êtes trouvées ne vous inquiète point par l'appréhension d'avoir manqué à ce que vous lui deviez ; car pouvez-vous croire que votre divin époux permette non seulement que vous le mécontentiez, mais que vous ne lui soyez pas plus agréables que jamais, dans le temps qu'il vous témoigne tant d'amour et de tendresse, comme il paraît par ces paroles : *Vous êtes toute belle, ma chère épouse,* et autres semblables que l'on peut lire dans ce cantique ? Et pouvez-vous douter qu'il ne se donne entièrement à vous, lorsqu'il voit que vous vous êtes données si absolument à lui, que le transport et la violence de votre amour vous faisant comme sortir hors de vous-mêmes, ne laissent plus votre entendement dans la liberté d'agir ?

Il me semble que l'on peut ici comparer l'âme à de l'or que Dieu, après l'avoir purifié par ses grâces et ses faveurs, prend plaisir d'enrichir de pierres précieuses d'une valeur inestimable, sans que cet or contribue autre chose à cette merveilleuse beauté que de recevoir ces ornements, ni que l'on puisse comprendre par ces paroles de l'épouse : *Il a ordonné en moi la charité,* de quels moyens ce divin artisan se sert pour commencer, continuer et achever un ouvrage si surnaturel et si admirable.

Que si l'âme en cet état fait quelques actes d'amour, elle ne sait ni comment elle les fait, ni quel est l'objet qu'elle aime, parce que l'extrême amour que ce roi éternel lui porte, et qui l'a élevée à un si haut degré de bonheur, a uni de telle sorte l'amour qu'elle a pour lui à celui qu'il a pour elle, que ces deux amours n'en faisant plus qu'un, l'entendement est trop faible et trop borné pour pouvoir comprendre ce qui se passe dans une union si merveilleuse. Elle est tellement au-dessus de lui, qu'il la perd de vue durant ce temps qui ne dure jamais que peu. L'âme ne laisse pas néanmoins alors et encore après d'être très-capable de plaire à sa divine Majesté, et l'entendement le connaît par l'augmentation des vertus dont il l'avait enrichie, comme par autant de perles et de diamants d'un si grand prix, que leur éclat l'éblouit, et qu'il peut dire d'elle cette parole du cantique : *Qui est donc celle-ci, qui ne brille pas de moins de clartés que le soleil ?* L'épouse a donc grande raison, mon Sauveur, de vous nommer le roi véritable et tout-puissant, puisque vous lui êtes si prodigue de vos trésors, et l'enrichissez ainsi en un moment, non de richesses périssables, mais de richesses éternelles, qui lui font dire avec raison que ce n'est plus elle qui agit, mais que c'est votre amour qui agit en elle.

J'en puis parler avec certitude, parce que j'en ai vu des preuves. Je me souviens d'une personne à qui Notre-Seigneur fit, en trois jours, de telles grâces, que je n'aurais pu le croire, si je n'avais reconnu qu'y ayant déjà quelques années que ce bonheur lui était arrivé, elle s'avançait toujours de plus en plus dans la vertu. J'en connais une autre qui reçut en trois mois ces mêmes grâces, et toutes deux étaient jeunes. J'en sais d'autres aussi à qui Dieu n'a fait cette faveur qu'après un long temps ; et je pourrais rapporter divers exemples de celles qu'il a traitées comme ces deux dont je viens de parler. Je me crois obligée de le remarquer, parce que j'ai dit qu'il y a peu d'âmes à qui Dieu fasse cette grâce, sans qu'elles aient auparavant souffert, durant plusieurs années, de grands travaux et aussi afin de montrer qu'il peut y avoir de l'exception, à cause qu'il est de la grandeur infinie de Dieu que ses grâces et ses faveurs soient sans bornes et sans mesure.

Il arrive-presque toujours dans ces occasions où, ni les illusions du démon, ni la mélancolie, ni la faiblesse de la nature n'ont point de part, que les vertus s'augmentent, et que l'amour s'enflamme de telle sorte, qu'il ne saurait demeurer caché, mais paraît, sans même que l'on y pense, par les effets qu'il produit continuellement pour l'avantage de quelques âmes ; ce qui fait dire à l'épouse *que son divin époux a ordonné en elle la charité.*

Cet amour est si ardent et si bien réglé, qu'il fait que l'âme change en haine celui qu'elle avait auparavant pour le monde ; qu'elle n'aime plus ses parents que dans la vue de Dieu ; que son amour pour son prochain et pour ses ennemis est si grand qu'il faut, pour le croire, l'avoir vu, et que celui qu'elle porte à Dieu est si extrême, et la réduit quelquefois en tel état, que la faiblesse de sa nature n'en pouvant supporter la violence, elle se trouve contrainte de dire : *Soutenez-moi avec des fleurs, et donnez-moi quelque fruit à manger pour me fortifier ; car je tombe dans la défaillance et je meurs d'amour.*

CHAPITRE VII

Sur ces paroles de l'épouse dans le Cantique des cantiques : Soutenez-moi avec des fleurs, et donnez-moi quelque fruit à manger pour me fortifier, car je tombe dans la défaillance, et je meurs d'amour.

Que dans les grande ravissements l'âme tombe dans une telle, défaillance, qu'elle paraît prête à se séparer du corps ; ce qui lui fait demander qu'on la soutienne avec des fleurs. Que ces fleurs sont les désirs de faire de grandes actions pour le service de Dieu et pour l'avantage du prochain. Que l'action et la contemplation marchent, en cela, de compagnie. Que l'amour désintéressé est représenté par l'arbre céleste, c'est-à-dire la croix, dont il est parlé dans ce cantique ; et que les fruits de ces arbres sont les travaux et les persécutions.

SUR CES PAROLES DE L'ÉPOUSE LORSQUE L'EXCÈS DE SON BONHEUR LA FAIT TOMBER DANS LA DÉFAILLANCE : SOUTENEZ-MOI AVEC DES FLEURS, ETC.

Oh ! que ces divines paroles montrent bien la vérité de ce que je dis ! Quoi ! sainte épouse, les douceurs et les consolations dont vous jouissez vous font mourir, parce qu'elles sont quelquefois si excessives, et vous réduisent en tel état, qu'il semble qu'il ne vous reste plus de vie, et vous demandez des fleurs. Mais quelles fleurs désirez-vous ? Des fleurs sont-elles donc propres à vous retirer d'une telle extrémité, et ne les demandez-vous point plutôt pour avancer votre mort, puisqu'en l'état où vous êtes on ne désire rien tant que de mourir ? Cela ne s'accorde pas avec ce que vous dites que l'on vous soutienne avec ces fleurs, puisque ce terme de soutenir marque plutôt que vous voulez vivre pour servir ce divin époux à qui vous êtes si obligée, que non pas que vous voulez mourir.

Ne vous imaginez pas, mes filles, qu'il y ait de l'exagération en ce que j'ai dit que l'âme tombe alors dans la défaillance, et paraît prête à se séparer de son corps. Je vous assure qu'il n'y a rien de plus véritable ; car l'amour est quelquefois si violent, et domine de telle sorte sur les forces de la nature, que je connais une personne qui, étant dans cette sublime oraison, entendit un chant si mélodieux, qu'elle croit que, si elle eût continué davantage, l'excès du plaisir qu'elle ressentait lui aurait sans doute fait perdre la vie.

Mais Notre-Seigneur le fit cesser ; et cette personne serait morte en cet état, sans dire une seule parole pour l'en prier, parce qu'il lui était absolument impossible de faire aucune action extérieure. Ce n'est pas qu'elle ne connût le péril où elle était ; mais elle ne le connaissait qu'en la même sorte que l'on se trouve en dormant d'un profond sommeil, dans une grande peine dont on désirerait extrêmement de sortir, sans que l'on puisse néanmoins, pour la déclarer, proférer une seule parole, quelque désir que l'on en ait. Il y a toutefois cette différence, qu'ici l'âme ne voudrait pas sortir de cet état, et que son contentement est si grand, qu'au lieu d'appréhender la mort, elle la désire. Qu'heureuse serait cette mort qui ferait qu'une personne, par l'ardeur de son amour pour son Dieu, expirerait entre ses bras ! et cet amour est si violent, que si cette suprême Majesté ne faisait connaître à l'âme qu'il a agréable qu'elle vive encore, la faiblesse de la nature ne pourrait supporter sans mourir une joie si excessive.

QUE CES FLEURS SONT LE DÉSIR DE FAIRE DE GRANDES ACTIONS POUR DIEU ET POUR LE PROCHAIN.

C'est aussi pour modérer cette excessive joie, que l'âme prie qu'on la soutienne avec des fleurs ; et celles qui naissent sur la terre n'ont rien de comparable à l'odeur et à la beauté de ces admirables fleurs, parce que, selon que je le puis comprendre, elles ne sont autre chose que les désirs qu'a l'âme de faire de grandes actions pour le service de Dieu et pour l'avantage du prochain, son amour étant si désintéressé, et sa charité si ardente, qu'elle ne craint point, pour de tels sujets, d'être privée du merveilleux plaisir dont elle jouit. Car, encore que ces fleurs marquent plutôt la vie active que la contemplative, et qu'il semble que l'âme ne peut s'occuper à l'action, sans sortir de la contemplation, Notre-Seigneur ne laisse pas de lui accorder sa demande. Ainsi ces deux choses ne sont pas incompatibles, et Marthe et Magdeleine vont presque toujours alors de compagnie ; car l'intérieur opère dans les œuvres extérieures ; et quand les actions tirent leur force d'une racine si sainte, on peut les considérer comme des fleurs admirables produites par cette plante toute céleste de l'amour de Dieu, puisqu'elles n'ont point d'autre objet que lui ; que nul intérêt humain ne s'y mêle, et que leur odeur, comme un parfum précieux, se répand si loin, et a tant de vertu, qu'il ne réjouit pas seulement plusieurs autres âmes, mais les fortifie.

Je veux m'expliquer davantage. Un homme prêche avec dessein de profiter à ses auditeurs ; mais il n'est pas si détaché de tout intérêt, qu'il ne désire aussi de leur plaire, et d'acquérir de la réputation et du crédit s'il a quelque bénéfice qu'on lui dispute. Il en est de même de plusieurs autres choses qui se font pour l'avantage du prochain et avec bonne intention, quoiqu'avec beaucoup d'égards à ne se point nuire et à ne mécontenter personne. Que si ce prédicateur est persécuté, il est bien aise de plaire aux rois, aux grands et généralement à tout le monde. Il couvre ces imperfections du nom de discrétion, et Dieu veuille que cette discrétion soit véritable ? Quoique ceux qui sont dans ces dispositions puissent rendre quelque service à Dieu et au prochain, ce ne sont pas là, à mon avis, ces fleurs que demande l'épouse et dont le seul objet est l'honneur et la gloire de Dieu. Les âmes qu'il met dans un état aussi élevé que celui dont nous avons parlé, s'oublient au contraire entièrement elles-mêmes pour ne songer qu'à le servir ; et parce qu'elles savent quel est son amour pour ses créatures et pour ceux qu'il considère comme ses enfants, elles consentent d'être privées des faveurs pour ne penser qu'à leur profiter en les instruisant de ses vérités. Leur avancement dans la vertu est la seule chose qui les touche, et elles donneraient volontiers leur vie pour ce sujet. Cette ardente charité se peut comparer à un vin céleste dont elles sont si enivrées qu'elles oublient tout ce qui les regarde en particulier, et c'est par cet heureux oubli d'elles-mêmes qu'elles se trouvent capables de profiter aux autres.

Cela me fait souvenir de cette sainte Samaritaine, parce qu'il paraît clairement que les paroles de Notre-Seigneur avaient fait une merveilleuse impression dans son cœur, puisqu'elle le quitta lui-même pour rendre ses concitoyens participants de son bonheur, et que sa charité fut si bien récompensée par l'avantage qu'ils tirèrent d'avoir ajouté foi à ses paroles. Car quelle plus grande consolation pouvons-nous recevoir en cette vie que de servir à l'avancement de quelques âmes ? C'est alors qu'il me semble qu'il distille de ces fleurs un suc si délicieux qu'il n'y a point de fruit dont le goût puisse être plus agréable. Heureux ceux à qui Notre-Seigneur fait de telles grâces, et quelle obligation n'ont-ils point de le servir, puisque vous voyez, mes filles, que cette sainte femme, pour en avoir reçu une semblable, est dans une ivresse toute divine qui la fait courir de rue en rue et de place en place pour publier, avec une voix mêlée de cris, les merveilles qu'elle a entendues. Ce qui m'étonne en ceci est que ses concitoyens l'aient crue, n'ayant point d'apparence qu'allant elle-même quérir de l'eau, elle fût de grande condition. Mais elle avait beaucoup d'humilité, comme il paraît en ce qu'elle ne s'offensa point de ce que Notre-Seigneur lui dit ses fautes, ainsi que l'on s'offense aujourd'hui quand on nous dit nos vérités. Elle lui répondit seulement qu'il fallait qu'il fût un prophète, et elle mérita par cette humilité que plusieurs personnes sortent de la ville sur sa parole pour aller voir Notre-Seigneur. Il en arrive de même, ce me semble, à une personne, lorsqu'après avoir durant plusieurs années parlé à ce divin Sauveur dans l'oraison, sans que ces faveurs et l'extrême plaisir de s'entretenir avec lui l'aient empêchée de le servir avec joie en des occupations pénibles, ses actions qui ne sauraient procéder que de la céleste plante de cet ardent amour dont j'ai parlé, peuvent être considérées comme des fleurs, dont l'admirable odeur dure beaucoup plus longtemps, et produit d'incomparablement plus grands effets que les paroles et les œuvres de ceux qui, n'ayant en vue que leur intérêt, ne disent et ne font rien qui, quelque vertueux qu'il paraisse, ne soit mêlé et infecté par des sentiments d'amour-propre.

QUE CET AMOUR SI DÉSINTÉRESSÉ EST L'ARBRE CÉLESTE, C'EST-À-DIRE LA CROIX, QUI PRODUIT LES FRUITS DONT L'ÉPOUSE PARLE ENSUITE. ET QUE CES FRUITS SONT LES TRAVAUX ET LES PERSÉCUTIONS.

C'est cet amour entièrement désintéressé qui donne la force de souffrir les persécutions. C'est lui que l'on doit considérer comme cet arbre céleste qui produit les fruits dont l'épouse parle ensuite lorsqu'il dit : *Donnez-moi des fruits dont la nourriture me fortifie*, c'est-à-dire, donnez-moi, Seigneur, des travaux et des persécutions. Car il est certain qu'une âme qu'il a élevée à cet état les désire et en tire de grands avantages, parce qu'elle ne trouve de plaisir qu'à lui plaire et à imiter en quelque sorte la vie si extrêmement pénible qu'il a passée sur la terre. Ainsi il paraît que cet arbre n'est autre chose que la croix puisque l'époux dit dans un autre endroit de ce cantique : *Ç'a été dessous cet arbre que je vous ai ressuscitée.* Quelle consolation ne doit donc point espérer une âme qui souffre de grandes peines, et qui se trouve tout environnée de croix ! elle ne jouit pas pour l'ordinaire du contentement qui se rencontre dans l'oraison : son plaisir est dans la souffrance. Mais cette souffrance ne l'affaiblit point, au lieu que la suspension des puissances dans l'oraison, lorsqu'elle est fréquente, épuise ses forces. L'âme a encore une autre raison de demander de ces fruits qui sont les travaux ; c'est qu'il n'est pas juste qu'elle reçoive toujours des faveurs de son divin époux sans travailler pour lui rendre du service. J'ai remarqué en quelques personnes dont nos péchés font que le nombre en est si petit, que plus elles s'avancent dans cette sublime oraison et reçoivent des faveurs de Notre-Seigneur, plus elles travaillent à servir le prochain, principalement en ce qui regarde le salut, et qu'elles donneraient leur vie avec joie pour tirer une âme de l'état funeste et si déplorable du péché mortel.

Je sais qu'il serait difficile de persuader cette vérité aux personnes que Notre-Seigneur commence, à favoriser de ses grâces qui leur donnent tant de joie ; et elles s'imaginent peut-être que les autres sont à plaindre, parce qu'il leur paraît que nul bonheur n'égale celui de jouir d'une si grande consolation dans la retraite et la solitude. C'est, à mon avis, par une conduite particulière de Dieu que, dans la ferveur où elles sont, elles ne comprennent pas quelle est la perfection de ces autres âmes, puisque, si elles la comprenaient, elles désireraient de sortir des dispositions où elles sont, pour devenir semblables à elles ; ce qui leur serait préjudiciable, à cause que, n'étant pas encore assez fortes, le besoin qu'elles ont d'être nourries du lait de ces mamelles sacrées dont j'ai parlé, fait qu'elles ne doivent pas s'en éloigner, et Notre-Seigneur saura bien, quand il en sera temps et qu'elles en seront plus capables, les faire passer de l'état où elles se trouvent à un plus parfait. Mais comme vous pourriez, mes filles, voir, très-particulièrement dans le traité que j'ai dit, combien il est dangereux de se trop précipiter et de quelle sorte on se doit conduire dans le véritable désir de servir des âmes, je ne m'étendrai pas davantage sur ce sujet. Je n'ai prétendu par cet écrit que de vous faire connaître les consolations que vous pouvez tirer de quelques-unes des paroles de cet admirable cantique, et de vous découvrir une partie des mystères qu'elles cachent sous une obscurité apparente. Ils sont si grands, que je ne pourrais sans témérité m'engager plus avant dans ce discours, et je prie Dieu de tout mon cœur qu'il n'y en ait point eu à dire ce que j'en aie dit, quoique je ne l'aie fait que pour obéir à ceux qui ont pouvoir de me commander. Notre-Seigneur se sert de tout comme il lui plaît, et s'il se rencontre quelque chose de bon dans ce discours, vous pouvez croire hardiment que je n'y ai aucune part, puisque les sœurs qui sont avec moi savent le peu de temps que mes grandes occupations m'ont permis d'y employer. Je demande de tout mon cœur à ce divin époux de nos âmes de me faire connaître par ma propre expérience tout ce que j'ai tâché de vous faire entendre. Celles qui croiront en avoir quelqu'une doivent beaucoup l'en remercier, et le prier qu'après leur avoir donné une oraison si sublime, il ajoute à cette extrême faveur celle de n'en profiter pas seulement pour elles-mêmes, mais de la rendre utile aux autres par des actions de charité. Je lui demande instamment pour elles cette assistance, et qu'il lui plaise de leur apprendre ce qu'elles doivent faire pour accomplir en toutes choses sa sainte volonté.

Ainsi soit-il.

NOTES :

[1] Dans l'usage courant, les frères laids (appelés aussi convers pour les moines et converse pour les moniales) sont les membres des ordres religieux catholiques chargés principalement des travaux manuels et des affaires séculières d'un monastère. Ils ont été connus, en divers lieux et à différentes époques, sous les noms de fratres conversi, laici barbati, illiterati ou encore idiotæ. Bien que membres de leurs ordres respectifs, ils forment une catégorie séparée des moines du chœur, qui se consacrent principalement à l'Opus Dei — « l'œuvre de Dieu » — et à l'étude.